F.-M. BALISONY

RÉDACTEUR EN CHEF DU MONT-ATLAS

DELENDA EST GERMANIA !

« IL FAUT DÉTRUIRE L'ALLEMAGNE ! »

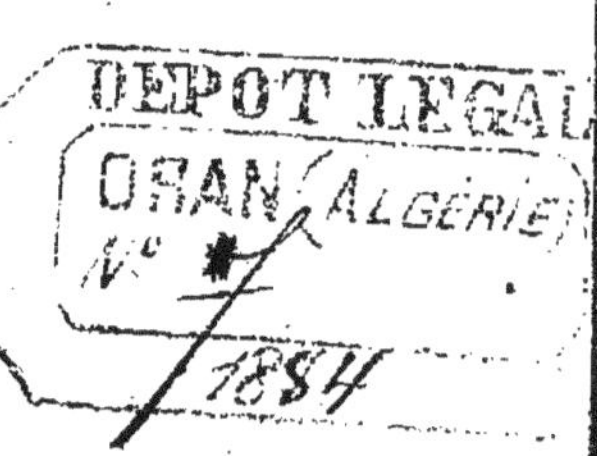

ORAN

IMPRIMERIE NUGUES, BOULEVARD CHARLEMAGNE

Succursale rue Charles-Quint, n° 7.

1884

DELENDA EST GERMANIA!

Je dédie ces lignes d'espérance et de colère à l'Alsace-Lorraine, notre deuil et notre plus cuisant souci.

B.

F.-M. BALISONY

RÉDACTEUR EN CHEF DU MONT-ATLAS

DELENDA EST GERMANIA !

« IL FAUT DÉTRUIRE L'ALLEMAGNE ! »

ORAN

IMPRIMERIE NUGUES, BOULEVARD CHARLEMAGNE

Succursale rue Charles-Quint, n° 7.

—

1884

DELENDA EST GERMANIA !

« ... Je ne courberai cependant pas
« la tête, j'oserai quand même et plus
« que jamais, en remplissant le mandat
« que le peuple m'a confié, dire à
« l'Allemagne entière, quelles sont nos
« aspirations, quelles sont nos reven-
« dications, et lui dire aussi qu'il n'y a
« rien d'éternel ici-bas. »

*(Lettre d'Antoine, député
de Metz, au maréchal
Manteuffel, 10 août 1883.)*

Tout croyant fait, le matin et le soir, sa prière.

Tout Musulman, chaque jour, observe fidèlement les préceptes de Mahomet, son prophète chéri, qui lui enjoignent de rendre grâce à Allah.

A l'aide de la pensée, ce terrible levier, allons aux siècles éteints, aux siècles enfouis dans l'éternité.

Réveillons la Rome antique et nous y verrons un grand et illustre Romain, commencer et finir ses harangues viriles par cette phrase devenue proverbiale dans sa bouche :

Delenda est Carthago !
« Il faut détruire Carthage !... »

C'était sa prière du matin, son vœu du soir ; c'était sa préoccupation la plus constante, son souci le plus ardent, le plus amer !

Conversait-il avec ses amis, ce grand patriote des temps anciens, il secouait mélancoliquement la tête et murmurait : « Il faut détruire Carthage !... Rome ne peut être Rome, si Carthage n'est détruite ! »

Haranguait-il, au forum, la multitude accourue en foule pour entendre le patriotisme s'écouler abondant de ses lèvres généreuses, il commençait et achevait son discours par cette pensée dominante qui le poursuivait et avec laquelle il poursuivait ses concitoyens :

« Il faut détruire Carthage !... »

Et il n'est sortes d'expédients qu'il ne cherchât pour éveiller sans cesse et sans relâche l'attention des descendants de Romulus vers son but caressé.

Écoutez plutôt !

Un jour, il se présente en plein Sénat, tenant à la main.... des figues !... des figues toutes fraîches et récemment cueillies !

« Ces figues, dit-il, vénérables sénateurs, n'ont pas été cueillies loin d'ici. Un ennemi violent, ardent, redoutable, les cultive sous notre nez et nous nargue de son insolence ! Romains, Romains, supporterez-vous longtemps pareil spectacle ?... Romains, il faut détruire Carthage ! »

Et Carthage fut détruite, et un Romain, Marius, s'y assit, ruine lui-même, nous conte l'histoire, sur ses ruines fumantes.

Le patriote avait enfin atteint son but: Rome avait secoué sa torpeur ; le patriotisme, un moment assoupi, avait repris comme aux beaux jours de la République, et Carthage, patrie d'Annibal le Grand, avait été réduite en cendres !...

Et moi, à l'instar de l'illustre nom que je viens de citer plus haut, je commencerai ces quelques lignes, au grand peuple dont je fais partie, par ces mots :

Delenda est Germania !
« Il faut détruire l'Allemagne ! »

L'Allemagne qui nous a fait au cœur une blessure profonde, terrible, et qui ne peut être guérie que par sa ruine.

L'Allemagne qui a fait à notre honneur national une tâche qui ne peut être effacée, lavée, que dans son sang !

L'Allemagne qui, patiente, rusée, a couvé sa vengeance cinquante ans, vengeance qu'elle alimentait au cœur des siens, en leur montrant nos boulets encore empreints sur ses clochers (historique).

L'Allemagne qui, poursuivant lentement dans l'ombre ses projets funestes, a saisi avec empressement l'heure de l'oubli, l'heure du repos, de l'affaissement, pour mettre sur nous sa griffe homicide, et nous abattre de ses aigles noirs !

Nous abattre !... Elle le pensait du moins, comme si le génie de la France pouvait périr !.... Nous sommes encore debout !... Ah ! Allemands aux blonds cheveux, aux yeux bleus, ah ! vous pensiez, en nous voyant asservis, que nous étions plongés dans un sommeil quasi léthargique, qu'il suffisait de se jeter sur nous pour nous exterminer de fond en comble !...

Nous, quoique endormis, asservis, nous vous avons lancé au visage :

Vissembourg,

Frœschwiller,

Reischoffen !...

Epopées sanglantes et qui ont dû vous montrer que, quoique anéantis par un régime monarchique, la pire des pestes qui puisse ronger un pays, nous vous avons montré, dis-je, qu'il y avait toujours en nous les germes, les traces de ceux qui vous avaient vaincus à Iena !.. et qui, durant assez longtemps, s'étaient promenés en vainqueurs dans Berlin, votre capitale !....

Ah ! vous pensiez, Germains crédules,

en nous voyant engourdis par une heure fatale, heure que tout grand peuple peut éprouver, quitte à la réparer ensuite, vous pensiez qu'en enveloppant de vos formidables légions notre sol désarmé, à peine préparé par une échauffourée, vous nous détruiriez et anéantiriez à jamais, détruisant, anéantissant ainsi tout germe de revanche et de vengeance.

Vaine crédulité!...

Certes, nous ne nous cachons pas de nos défaites... au contraire! Tout comme cet homme dont parle l'écriture, et qui était couvert de plaies, nous soulevons notre manteau et mettons à nu nos blessures! Et cela pour que le sang coulé ne se dérobe jamais à nos yeux! et cela pour que le cadavre qui est là et qui jonche encore sanglant et meurtri la plaine, nous dise sans cesse de sa voix mourante: « Frères, vengez-moi, car je suis mort en défendant la Patrie attaquée par l'Allemand! »

Et, n'ayez crainte, nous ne dirons plus: « Nous avons été vaincus, mais non par notre faute! » Non!... Au contraire!

nous dirons: « Oui, nous avons été vaincus. » Oui, nous voulons l'avouer et non
déguiser notre défaite, par un sot et in-
compréhensible amour-propre! Au contraire! nous voulons la proclamer hau-
tement, fortement, toujours et sans cesse,
afin qu'elle soit sans relâche présente
à notre esprit, à nos yeux; afin que nul
de nous ne l'oublie, une minute, un seul
instant!.. afin qu quiconque sent battre
dans sa poitrine un cœur français se
souvienne qu'il a un but, un devoir devant lui :

La Revanche!

Et un passé derrière lui:

La Défaite !

Nos blessures, à quoi bon les céler ?...

Est-ce pour nous faire illusion ?...

Mais l'illusion n'est guère possible
pour un peuple... j'aurai dû dire pour
un siècle aussi positif que le nôtre!...

L'illusion, nous n'en avons que faire!..
Fou et insensé qui s'y livrerait!...

L'illusion... nous la laissons à la
blonde Germanie; qu'elle la conserve
longtemps, elle qui, à cette heure, est si

possédée du sentiment de notre infériorité; qu'elle s'endorme sous ses lauriers, nous, nous devons veiller et nous souvenir.

J'ai dit : « Nous devons veiller et nous souvenir. »

Nous devons veiller à ce que ce sol si généreux que l'on nomme la France, ne devienne plus la proie de la vile monarchie. La monarchie ne peut qu'atrophier, nous rabaisser..... Un gouvernement despotique et illégal comme le sien ne peut régner que par la corruption. Aussi, quand il est au pouvoir, ce gouvernement monarchique, voyez-vous avec quels soins, avec quelle effronterie il sape notre vertu, nos bonnes tendances, et cela dans le but d'avilir notre caractère, de le rendre abject, soumis, aveugle.

Peu importe l'esclavage, peu importe le fer brûlant qui nous marque du matin au soir, pourvu que l'on vive et que l'on vive bien, en bonne intelligence avec le souverain.

Et alors, l'idée de Patrie disparaît peu

à peu, et à peine s'il en reste la trace dans quelques cœurs assez purs pour en conserver tacitement la flamme.

Que la monarchie ne revienne plus, voilà ce à quoi il faut songer, et pour prévenir pareil malheur, pareille infortune, il faut maintenir, solidifier, implanter en nous jusqu'à la moelle des os, le gouvernement de tous, notre honneur national, nos principes sacrés, loyaux : La République !

Et qu'on ne s'y trompe pas, je ne suis pas entiché de ce mot. Je ne le prononcerai pas non plus comme une vaine déclamation, ou bien à l'aveugle.

Je professe cette idée, j'ai un culte profond, sincère, dévoué pour elle, parce que j'ai intimement la pensée qu'elle seule peut nous donner la paix, la sécurité, avec l'honneur et la loyauté.

Car la monarchie, la vieille aux abus, quoi qu'on en dise, me fait horreur.

Il me semble que le soleil s'obscurcirait, si pareille iniquité venait de nouveau à se produire chez nous. Quand je songe à la pourpre, au sceptre et à la couronne,

je voudrais me mettre debout et pousser
bien haut mon cri de protestation.

La monarchie, oh! maudits et aveu-
gles ceux qui la portent encore dans leur
cœur! maudits et criminels ceux qui en
sont entêtés par intérêt, car c'est elle
qui nous a fait perdre nos vertus guer-
rières, c'est elle qui nous a toujours
rongés, comme elle nous rongera toujours, tant que d'un mouvement décidé et
résolu nous ne la précipiterons à jamais
dans le ridicule et l'obscurité de l'oubli.

Je le répète de nouveau ici, pour la
monarchie, comme je l'ai dit plus haut
pour la République, je ne la prends pas
pour thème-diatribe et, me hissant sur
elle, me lance à fond de train contre elle.

Non! ce que je dis, ce que tant d'autres
comme moi, aspirant au calme et à la
tranquillité, à la revanche, disent, n'est
nullement le propre d'un besoin de vaine
déclamation, ce n'est que le résultat
d'une conviction que je porterai jusqu'à
la tombe!....

Et cette conviction, tant que je vivrai,
je la sèmerai autant que possible dans

les cœurs indécis, non éclairés, dans les cœurs abusés par de faux spectres et surtout par la corruption. Je le ferai toujours et sans cesse et de même que j'ai commencé ma carrière intellectuelle par ce cri, par cette aspiration, de même je la finirai par ce cri et par cette réalisation, j'espère.

— J'ai dit: « Il faut se souvenir. » Oh ! se souvenir surtout ! il faut une haine à notre cœur, une haine sainte, indomptable, incessante, tant qu'elle n'aura pas été assouvie: La haine de l'Allemagne !

Depuis que cette race a mêlé dans la bataille son sang au nôtre, depuis douze ans que ses soldats ne foulent plus notre pays indigné, je n'ai qu'un but, une idée triste, sombre, mais toujours présente à l'esprit :

La revendication nationale !...

Je n'ai qu'une haine:

La haine de l'Allemand !...

Je voudrais que l'esprit de vendetta qui, pendant des siècles, a ravagé mon pays natal, je voudrais que cet esprit s'emparât de la France, ma patrie bien-aimée, et qu'animée de ce souffle, de cette soif de sang, elle ne prît de repos qu'elle ne l'eût étanchée en faisant couler la vie de nos ennemis triomphants.

Épurons-nous par le travail, par la sagesse des idées, n'ayons pas de folle impatience et de folle illusion. Ceci ne peut que nuire et amener des résultats désastreux; qui sait si nous nous en tirerions en trop nous hâtant?

Allons lentement, poursuivons avec modération notre but ambitionné, ne nous hâtons pas! Réaliser en cette occasion le proverbe du poète serait funeste impolitique et imprévoyant.

Que les années s'écoulent, qu'elles passent sur nos têtes, le travail et le but que nous avons nous cacheront la longueur du temps. Quand l'heure viendra il ne faudra plus faillir; et pour ne plus faillir, il faut que les matériaux sur lesquels reposeront nos succès, soient sûrs.

La base sur laquelle doit reposer l'édifice nouveau de notre régénération doit être coulée au bronze inaltérable. Il faut qu'à tout compte nous ayons la République et à sa tète des hommes éclairés, savants, ayant au cœur l'honneur national. Qu'ils sortent, la France est un sol généreux, il n'y a qu'à taper du pied pour qu'ils surgissent.

Mais il faut nous mettre en garde contre un trop grand enthousiasme envers une personnalité quelconque qui profanerait des idées libérales.

Je m'explique :

En France, il y a un grand danger à courir quand la vogue s'attache à un nom et le rend populaire.

Ce danger est que l'on incarne, par une fausse assimilation, le pays en cet homme, oubliant par une funeste erreur qu'il n'en est qu'un membre.

Aussi ai-je toujours une défiance extrême pour quiconque est placé par le flot populaire comme symbole d'une idée, pour quiconque sentant autour de lui et pour lui un enthousiasme croissant, s'abuse, s'enivre du haut du sommet où la reconnaissance du peuple l'a placé et en profite pour étourdir, entraîner parfois à sa suite, vers un but encore caché, tous ces hommes qui, en revanche d'un discours brillant, lui prodiguent des ovations pernicieuses, toute cette foule qui le caresse pour ses idées et qu'il étranglera peut-être un jour au nom de ces mêmes idées.

Que la France se souvienne, que du premier consul, entraînée par l'enthousiasme, elle a fait un empereur.

Défions-nous donc de l'enthousiasme, et pour Dieu! ne voyons en un homme qu'un homme, quelque talent sympathique qu'il ait et déploie.

Les déclamateurs ne manquent pas en France, la parole y est facile, abondante, entraînante à bien des lèvres.

Mais un déclamateur, trop souvent, *n'est que çà;* et quand ce peuple généreux et confiant lui a donné un poste de péril et de combat, il se hâte, lui qui s'est fait de la popularité oratoire un marche-pied ambitieux, il se hâte de fuir le danger et le péril, d'abandonner le poste d'honneur pour ne laisser voir que sa nullité écrasante.

Aussi ses ennemis en profitent-ils,

pour le donner en exemple et spécimen du peu de bonté, du peu d'effet des principes libéraux.

Ils répandent sur tout un parti la nullité d'un seul, ils en font la base de leurs ignominieuses récriminations, oubliant que ceux qui ont mis là cet homme, l'ont mis mus par une idée qui leur manque souvent à eux, par confiance dans son patriotisme et ses talents.

Méfions-nous donc du verbiage, ne nous laissons pas trop facilement émouvoir, et, quand un homme a parlé devant nous, quand sa parole vive, brillante, est venue à nos oreilles, entourée du cachet libéral, quand après l'avoir entendu nous nous sommes écriés : il parle bien et vrai — pas d'apothéose, de grâce ! — attendons la fin.

Ordinairement chez nous, quand quelqu'un se présente à nos yeux paré des qualités ci-dessus exprimées, c'est un homme classé, posé ; un rien, un souffle le portera aux hauts sommets. Sa carrière populaire est faite, assurée, et qui sait où il atteindra monté sur le flot, jusqu'au jour où il nous montrera brutalement ce qu'il était, c'est-à-dire nul, si toutefois il n'est pas devenu un renégat.

Les exemples fourmillent, ils sont là encore frémissants sous la main.

Qu'a fait Émile Ollivier, qui osa, l'impudent au cœur pétri d'infâme limon, venir briguer un fauteuil académique sur ce seuil que son ministère d'impéritries a failli mener à l'abîme?...

Qu'ont fait tant d'autres, tant d'autres?

Méfions-nous, les républicains aux paroles trompeuses ne manquent pas.

Tel s'abrite aujourd'hui sous notre drapeau, qui, demain, nous défiera dans un camp ennemi.

Craignons le fol enthousiasme, craignons, craignons les idoles! On ne saurait trop poser le doigt sur cet abus, on ne saurait trop le dénoncer à la France; c'est là un des pièges auxquels elle se laisse le plus prendre, le plus accaparer. A cette heure il nous faut la lumière, la clarté dans nos croyances et nos affections. Plus de faux abus, plus de fausses illusions.

Un homme se présente à nous avec des principes républicains, retournons-le vingt fois avant de lui confier une mission souveraine et puissante.

Ne le flattons pas de prime-abord ; éprouvons-le, dès l'avance, et ne mettons notre confiance et notre salut en lui qu'à bon escient.

Démontrons-lui, persuadons-le qu'il doit ses talents, ses idées au pays, qu'en défendant l'honneur et les intérêts de la nation, il défend son honneur et ses intérêts, il se défend lui-même en nous, mais rien de plus.

N'en faisons pas une idole en faisant une fausse abstraction de tout ce qui constitue sa qualité de citoyen français ; ne le considérons pas comme un être à part, en dehors de la sphère ordinaire et humaine, car c'est le ruiner et nous ruiner, ainsi dépouillé de sa nature première, pour le reporter dans un absolutisme où il se concentre fatalement pour ne plus voir que lui.

Et alors de citoyen il devient tyran.

Alors, au lieu d'un être dévoué, con-

vaincu et concourant de toutes ses for-
ces au salut du pays, on a un être qui ne
cherche qu'à assumer, à concentrer,
agglomérer tout en lui, pour mieux
asservir.

Et c'est là la pire des tyrannies : témoin
Robespierre. Je n'accuse pas, je ne
blâme pas le Robespierre ennemi des
nobles et des ennemis de sa patrie.

Loin de là !...

J'accuse le Robespierre despote d'avant
le 9 thermidor, le Robespierre sacrifiant
tout à ses idées ambitieuses de dictateur,
sacrifiant, dis-je, et Danton, la révolution
incarnée, et Camille Desmoulins, un répu-
blicain sincère. J'accuse enfin l'idole qui
fauchait tout autour de lui et qui aurait
fauché bien plus encore, si le génie im-
mortel de la France n'eût pas veillé et
mis un terme à ses massacres sanglants
et quotidiens.

Et pourquoi fauchait-il tant et sans
cesse ?

Parce que Robespierre, avant tout et
surtout, était un harangueur ; c'était
l'homme froid et impassible de la tribune,

voulant tout dominer, asservir de sa voix. Parce que l'arme puissante de Robespierre était la déclamation, le discours, tout ce dont il était capable; tandis que les autres étaient des hommes d'action.

Tout ce que Robespierre a abattu autour de lui c'est au nom de la phrase.

En tuant Camille Desmoulins, le jeun homme qui, au Palais-Royal, monta le 13 juillet sur une table, arracha une feuille verte à un chêne, s'en fit une cocarde et donna le signal de la révolte, Robespierre le froid parleur a tué l'homme d'action, un des promoteurs de la chute de la Bastille.

Ce que Robespierre a tué dans Danton, c'est celui qui avait prononcé trois mots qui avaient fait courir tout Paris électrisé aux armes, à la défense de la Patrie.

Et qui avec ces trois mots, avec sa vigueur et son énergie, avec son patriotisme à toute épreuve, devait sauver la France de l'invasion.

Voilà ce que le parleur a tué, c'est-à-

dire l'action, toujours l'action ! Défions-
nous des parleurs.

Assez de paroles, assez de discours !

De l'action, toujours de l'action et
encore de l'action !

De la haine, surtout de la haine !

Que nos cœurs se nourrissent d'elle.
Préparons-nous pour l'heure suprême,
pour l'heure sainte de la revendication.
Préparons-nous-y avec maturité, sagesse
et travail.

Ces Allemands..... mais je sens dans
mon cœur un tressaillement violent,
impétueux, qui me dit qu'un jour notre
botte se posera sur leur poitrine.

Je sens en moi un fort espoir qui me
ranime et me crie :

« L'heure de la réparation, de la vengeance viendra ! »

Épurés, forts, serrés en masse, nous
volerons à eux, terribles, sans pitié ni
merci, notre fer les déchirera.

Ils se sont promenés à peine dans
Paris, nous entrerons en foule dans
Berlin.

Ils nous ont pris, ô douleur ! l'Alsace

et la Lorraine et ont planté dans Metz et Strasbourg leurs aigles noirs ; nous reprendrons l'Alsace et la Lorraine, et, dans Metz et Strasbourg, villes chéries et qui font saigner nos cœurs de leur perte, flottera de nouveau l'étendard tricolore et le coq gaulois.

Attendez, espérez, patriotes enchaînés, nobles populations, martyrs de l'oppression la plus vile, la plus détestée, attendez et espérez !...

La France renaissante, voilée et sombre, veille sur vous, prête à vous ouvrir ses ailes maternelles et saignantes, et ne songeant, oh ! ne songeant qu'à vous ravoir.

Alsaciens et Lorrains, cœurs meurtris, frères malheureux et conquis, attendez et espérez.

L'heure sera longue à coup sûr à vos cœurs impatients du joug, mais l'heure sonnera.

Et croyez-le, autant la tristesse possède en ce moment nos esprits, autant ils tressailleront d'une folle ivresse quand vous nous serez rendus !

Vous le voyez, frères, notre cri du matin, notre cri du soir est :

« Il faut détruire l'Allemagne ; attendez
« et espérez, frères, la France veille et
« se souvient ! »

François BALISONY.

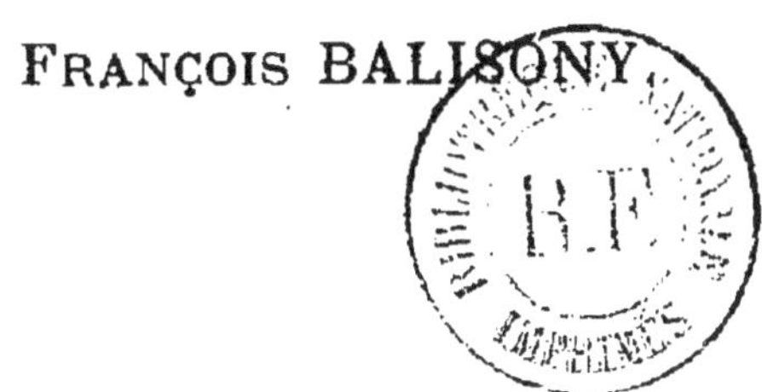

Oran. — Imp. NUGUES, boulevard Charlemagne, succursale rue Charles-Quint, 7.